LE CONCOURS

DE

PLUSIEURS HYPOTHÈQUES

et D. 20, 3, 3

PAR

N. HERZEN

PROFESSEUR DE DROIT ROMAIN

A LA FACULTÉ DE DROIT DE L'UNIVERSITÉ DE LAUSANNE

Extrait des *MÉLANGES GÉRARDIN*

LIBRAIRIE

DE LA SOCIÉTÉ DU RECUEIL J.-B. SIREY & DU JOURNAL DU PALAIS

Ancienne Maison L. LAROSE et FORCEL

22, rue Soufflot, PARIS, 5e arrdt

L. LAROSE & L. TENIN, Directeurs

1907

LE CONCOURS
DE PLUSIEURS HYPOTHÈQUES
ET D. 20. 3. 3

ll nous a paru intéressant d'offrir à notre vénéré jubilaire
une modeste étude exégétique sur un texte dont l'interprétation a subi les vicissitudes les plus diverses. Compris par les
auteurs du Moyen âge et des siècles passés [1] du cas où
quelqu'un prête à un débiteur hypothécaire de quoi désintéresser son créancier et se fait donner pour ce prêt l'hypothèque du créancier remboursé, ce fragment fut interprété plus
tard [2] dans le sens d'un cas d'exercice du *ius offerendi et
succedendi* du créancier hypothécaire inférieur en rang,
puis [3] on adopta un compromis entre ces deux points de
vue. on vit le premier cas cité au début du texte, et le second dans la dernière partie, et au moment où cette transac-
tion paraissait avoir acquis définitivement tous les suffrages
et était devenue incontestablement l'opinion dominante [4],
un nouvel auteur [5] donne une explication basée sur le prêt

(1) Entre autres la Glose et Cujas.

(2) Schmid, *Grundlehren der Cession*, I, 1866, pp. 319 et suiv. et 330 et
suiv.

(3) Adamkiewicz, *Archiv für die Civilistiche Praxis*, 56, 1873, pp. 16 et
42 et suiv.

(4) Cf. Girard, *Manuel*, 4ᵉ éd., p. 781, notes 5 et 7; Dernburg, *Pandekten*, I, § 290, note 2.

(5) Manigk, *Pfandrechtliche Untersuchungen*, I, 1904, pp. 43 et suiv.

MÉL. GÉR. — HERZ.

fait à un débiteur hypothécaire pour qu'il puisse désintéresser son créancier, mais avec cette variante que le prêt serait consenti non par un tiers, mais par un créancier hypothécaire inférieur. Bien plus, phénomène sans doute assez rare, l'un des savants les plus autorisés en la matière, M. Dernburg a donné successivement trois interprétations différentes de ce même texte. Une première fois [1], il l'avait compris de la subrogation hypothécaire résultant du prêt consenti par un tiers au débiteur pour lui permettre de rembourser son créancier; il expliquait alors la seconde partie du fragment par l'idée que le nouveau droit de gage prend la place de l'ancien, ce qui impliquerait le passage de l'ancien au nouveau créancier de tous les avantages spéciaux consentis au premier, à tel point qu'une omission par simple silence ne saurait en tout cas pas entraver ce passage. Une seconde fois [2], il voyait dans cette seconde partie une règle spéciale au droit de vente du créancier gagiste, règle qui se justifierait par le caractère d'élément essentiel du droit de gage reconnu à cette faculté de vendre. Enfin, une troisième fois [3], il adoptait le compromis admis par l'opinion dominante.

Notre intention n'est pas de faire une étude critique approfondie de toutes ces opinions différentes, mais bien de rechercher par une étude directe des sources le sens le plus vraisemblable de ce fragment si différemment interprété.

Commençons par en donner la teneur :

PAULUS LIBRO TERTIO QUAESTIONUM Aristo Neratio Prisco scripsit : etiamsi ita contractum sit, ut antecedens dimitteretur, non aliter in ius pignoris succedet, nisi convenerit, ut sibi eadem res esset obligata : neque enim in ius primi succedere debet, qui ipse nihil convenit de pignore : quo casu emptoris causa melior efficietur. denique si antiquior creditor de pignore vendendo cum debitore pactum interposuit, posterior autem

(1) *Archiv für die Civilistiche Praxis*, 41, 1858, p. 23.

(2) *Das Pfandrecht nach den Grundsätzen des heutigen römischen Rechts*, II, 1864, pp. 509-510.

(3) *Pandekten*, I, § 290, note 2.

creditor de distrahendo omisit non per oblivionem, sed cum hoc ageretur, ne posset vendere, videamus, an dici possit huc usque transire ad eum ius prioris, ut distrahere pignus huic liceat. quod admittendum existimo : sæpe enim quod quis ex sua persona non habet, hoc per extraneum habere potest.

La première question à examiner est celle de savoir si ce fragment a subi des interpolations. Sur ce point, le silence général des auteurs est très significatif : le texte ne porte aucune trace apparente d'interpolation. Aussi, même le président Favre, ce grand amateur de tribonianismes, a épargné notre fragment [1]. Cependant, M. Dernburg a, dans la seconde explication donnée par lui, soutenu que les mots *non per oblivionem, sed cum hoc ageretur, ne posset vendere,* étaient interpolés. C'est le seul soupçon d'interpolation qui ait porté, à notre connaissance, sur le texte examiné; et ce soupçon a été retiré par son auteur lui-même lorsqu'il s'est rallié à l'interprétation dominante du fragment étudié. D'ailleurs, cette prétendue interpolation n'aurait guère pu résister à la critique. Il nous suffira de faire remarquer que dans la phrase attaquée figure un mot essentiel qui est à peu près inconnu des compilateurs de Justinien avec le sens dans lequel il est employé ici, c'est le mot *ageretur.* Le verbe *agere* au passif, exprimant une intention, ne se trouve qu'une seule fois [2] dans une constitution de Justinien, tandis qu'il se constate, dans les sources du même empereur, vingt fois avec un sens différent [3]. Il y a donc cent chances pour cinq que le passage en question ne soit pas interpolé; c'est plus que suffisant pour admettre jusqu'à preuve contraire que la phrase soupçonnée n'est pas l'œuvre des compilateurs. Or, nous verrons dans la suite de cette étude que non seulement

---

(1) Alfredo di Medio, *I Tribonianismi avvertiti da Antonio Fabro, Bullettino dell'Istituto di diritto romano,* XIII, pp. 208-242, XIV, pp. 277-284, ne mentionne nulle part notre fragment.

(2) C. 8. 37. 15, pr.

(3) Voir les sources dans Carlo Longo, *Vocabolario delle costituzioni latine di Giustiniano,* Bull. dell'Istit. di diritto Romano, X, s. h. v.

cette preuve n'est pas faite, mais en outre que tout porte à croire que la phrase en question se trouvait bien chez le juriste.

Il y a encore une question préjudicielle à examiner : est-il probable ou tout au moins vraisemblable que notre fragment traite deux cas différents? Nous n'hésitons pas à répondre par la négative. D'accord en cela avec Manigk[1], il ne nous semble pas possible d'admettre, avec l'opinion dominante, qu'un seul et même fragment vise deux cas aussi différents que ceux généralement admis, sans faire la moindre allusion aux prémisses différentes des deux cas, sans indiquer de la façon la plus lointaine qu'il s'occupe de deux cas distincts. Une telle désinvolture serait peut-être admissible dans un rébus, en tout cas pas dans l'exposé d'une question de droit. Aussi, tant que l'on n'aura pas prouvé que Paul ou Ariston ont employé, ne fût-ce qu'une seule fois, de tels procédés d'escamotage, nous n'avons aucune raison d'admettre qu'ils l'ont fait précisément dans notre cas particulier. Il suffit d'ailleurs d'une lecture, même superficielle, du fragment, pour convaincre toute personne non prévenue qu'il n'est question ici que d'un seul et même cas du commencement à la fin. Il n'y a aucune raison apparente de forme pour que l'*antiquior* ou *prior creditor* de la seconde partie soit un personnage autre que l'*antecedens* ou *primus creditor* de la première, ni pour que le *posterior creditor* de la fin soit quelqu'un d'autre que le prêteur du commencement. Bien plus, le mot *denique*, par lequel débute la seconde phrase, tend plutôt à prouver que cette phrase parle exactement du même cas que la précédente[2]. Ce terme peut en effet avoir ici le sens qu'il a parfois dans d'autres passages [3] : cependant, *attamen* [4]. Alors, bien loin de mettre en opposition deux

(1) *Op. cit.*, p. 48.
(2) Là-contre Erman, *Berliner philologische Wochenschrift*, 25, col. 1415.
(3) D. 38. 1. 23 pr. (Jul.); D. 29. 4. 26. 1 (Jul. chez Pap.), D. 7. 8. 10 pr. (Ulp.), D. 29. 7. 3. 2 (Jul.); D. 49. 14. 19 (Pap.); D. 8. 3. 18 (Ulp.).
(4) La traduction donc, adoptée par Manigk (*op. cit.*, p. 45, note 2), est

idées différentes, il indique une restriction ou une réserve apportée à une solution précédemment donnée, en d'autres termes il montre qu'on s'occupe toujours du même cas.

Il nous reste maintenant à choisir parmi les trois opinions mentionnées qui voient dans le texte un cas unique : celle qui y trouve un cas de subrogation hypothécaire en faveur d'un tiers prêteur, celle qui l'entend d'un cas d'exercice du *ius offerendi et succedendi* du créancier hypothécaire inférieur en rang, enfin celle qui l'interprète dans le sens d'une subrogation hypothécaire en faveur d'un créancier inférieur, seulement pas en vertu du *ius offerendi*, mais bien d'un prêt fait au débiteur.

Entre ces trois interprétations, nous n'hésitons pas à donner la préférence à la première, ainsi que nous l'avons déjà fait ailleurs[1], mais en partie seulement; nous voyons aussi dans notre fragment le cas de remboursement d'un créancier gagiste au moyen d'un prêt consenti à cet effet par un tiers, mais nous ne parvenons pas à y trouver une subrogation dans l'hypothèque d'un créancier premier en rang[2]. A notre sens, le fragment étudié s'occupe d'un cas de subrogation hypothécaire beaucoup plus simple, du cas de subrogation dans l'hypothèque d'un créancier gagiste unique.

Reprenons maintenant l'un après l'autre les deux éléments de cette solution.

Premier élément : notre fragment vise le remboursement d'un créancier gagiste au moyen d'un prêt fourni à cet effet par un tiers et non par un autre créancier hypothécaire. Cela ressort du passage suivant : *neque enim in ius primi succedere debet, qui ipse nihil convenit de pignore.* Ces derniers mots, qui se

---

inadmissible; la seconde proposition n'est en aucune manière la suite logique de la première, à moins que l'on fasse dire à la première phrase ce qu'elle ne contient pas : que seule la subrogation hypothécaire exige une convention spéciale (Manigk, p. 51, note 2).

(1) *Zeitschrift der Savigny-Stiftung*, XXV, p. 457.

(2) En sens contraire Dernburg première et seconde manière (*Archiv cit.*, p. 20 et Pfandrecht, II, p. 507.

rapportent évidemment au prêteur, excluent absolument de ce rôle un créancier gagiste. Pour pouvoir avoir la qualité de créancier gagiste, il faut nécessairement avoir conclu une convention de gage. On ne peut donc pas dire d'un tel créancier qu'il n'a conclu aucune convention de gage, car précisément sans cela il ne serait pas créancier gagiste. Or, le juriste insiste particulièrement sur ce point, car les mots cités font suite à une proposition, dont nous aurions pu tirer le même argument avec la même force : *nisi convenerit, ut sibi eadem res esset obligata*. C'est probablement[1] pour cette raison que l'on admet généralement que la première partie de notre texte se rapporte à la subrogation hypothécaire en faveur d'un tiers. Mais alors, du moment que, d'après l'opinion dominante, qui est aussi la bonne, cette partie du texte a trait au cas indiqué, il suit de là, nous l'avons vu tout à l'heure, que le fragment entier vise le même cas. Donc la loi tout entière ne s'occupe que de la subrogation hypothécaire en faveur d'un tiers.

Manigk, qui soutient, nous l'avons vu, l'idée que tout le fragment parle de deux créanciers hypothécaires subordonnés l'un à l'autre, se débarrasse des mots *qui ipse nihil convenit de pignore* en disant [2] que le *creditor posterior* peut exercer son *ius offerendi* sans aucun *convenire de pignore*. Mais comment pourrait-il être créancier hypothécaire sans une telle convention?

Le seul argument de forme que Manigk [3] avance à l'appui de son opinion, est tiré, pour la première partie, des expressions *antecedens* et *primus* qui qualifient le créancier désintéressé. Seulement, ces termes ne prouvent nullement la thèse soutenue; ils signifient simplement le créancier précédent et le premier créancier; ils n'impliquent donc pas nécessaire-

---

(1) Nous disons probablement parce les auteurs prennent avec raison leur interprétation comme allant de soi et comme n'ayant par conséquent pas besoin d'explication spéciale.

(2) *Op. cit.*, p. 50.

(3) *Op. cit.*, p. 48.

ment une précédence de rang; car l'on peut précéder quelqu'un dans le temps sans avoir par cela même un rang supérieur. Preuve en soit le seul autre fragment[1] dans lequel l'expression *creditor antecedens* se retrouve : D. 24. 3. 49, 1. (Paul). Nous savons par les *Fragmenta Vaticana* que l'original du juriste se rapportait à la fiducie et non au gage. Or, la fiducie ne pouvait pas être constituée en faveur de plus d'un créancier à la fois. Par conséquent le terme *antecedens* ne peut pas avoir ici le sens de supérieur en rang ; il ne peut signifier que antérieur. Il n'y a pas de raison qu'il n'ait pas le même sens aussi dans notre fragment.

Second élément : il est question dans notre fragment d'un cas de subrogation dans l'hypothèque d'un créancier unique, et non pas d'un créancier premier en rang.

La vérité de cette proposition, qui confirme d'ailleurs le point précédent, ressort d'une considération qui n'a pas encore été faite, à notre connaissance : c'est que le concours de plusieurs hypothèques n'existait pas encore à l'époque à laquelle le texte a été écrit, à l'époque du juriste Ariston, c'est-à-dire à la fin du premier siècle et au commencement du second de notre ère. Si nous prouvons d'une part que les deux questions examinées l'ont été par Ariston, et d'autre part, que de son temps la seconde hypothèque était encore inconnue au droit romain, il en résultera nécessairement que le fragment tout entier ne peut avoir trait qu'à un créancier unique, qu'il ne peut viser dans aucune de ses parties, ni un créancier second en rang ni le *ius offerendi* d'un tel créancier, car ces deux derniers cas supposent déjà admis et en vigueur le concours de plusieurs hypothèques.

Première preuve : les deux questions étudiées dans le texte sont examinées par Ariston et non pas exclusivement par Paul. En ce qui concerne la première partie du fragment, il

---

(1) Cf. *Vocabularium jurisprudentiæ romanæ, s. h. v.* Malheureusement le vocabulaire n'en étant qu'à la lettre *d,* nous n'avons pas pu opérer la même vérification pour le mot *primus.*

n'y a pas l'ombre d'un doute, puisque Paul y cite expressément Ariston. Mais pour la seconde partie, un savant considérable, Lenel, n'hésite pas dans sa *Palingenesia* (1), à l'attribuer entièrement à Paul. Nous estimons cependant avec Manigk (2), que cette partie aussi reproduit une question soulevée par Ariston. Manigk a évidemment raison quand il dit que le *quod admittendum existimo* de la dernière phrase indique que jusque-là Paul avait en vue l'opinion d'autrui. Sans quoi, il n'aurait pas éprouvé le besoin de se rallier à sa propre opinion! D'ailleurs, le style même de ce juriste prouve la vérité de cette déduction.

Dans les deux autres passages (3), dans lesquels Paul emploie l'expression *admittendum puto*, absolument équivalente à *admittendum existimo* (4), il l'applique à une opinion qui n'est pas la sienne. Les deux fois il s'en sert avec une négation pour repousser un avis qu'il examine, mais qui n'est pas le sien. Donc la seconde partie de notre texte traite, aussi bien que la première, une question posée par Ariston.

Seconde preuve : le concours de plusieurs hypothèques n'est pas encore admis à l'époque d'Ariston. Cette preuve est établie par deux faits différents : d'une part, l'absence de toute trace d'une seconde hypothèque jusqu'à une époque postérieure même à Ariston, et d'autre part, la présence de certains textes de juristes, toujours postérieurs, qui excluent une telle hypothèque.

Nous avons constaté l'absence du concours de plusieurs hypothèques à l'époque d'Ariston et à une époque encore postérieure, en dépouillant, par ordre chronologique, tous les textes juridiques relatifs au droit de gage, jusqu'à ce que nous ayons trouvé une preuve de l'existence de cette institu-

(1) Ariston, fr. 26.

(2) *Op. cit.*, p. 43.

(3) D. 3. 5. 33; 13. 4. 10.

(4) *Admittendum existimo* se retrouve chez Paul une fois dans D. 49. 14. 21, que le *Vocabularium* attribue à tort à Papinien. Ce que nous disons de *admittendum puto* s'applique aussi à ce fragment.

tion. Le résultat de cette étude est que le premier juriste chez lequel on trouve indubitablement deux hypothèques simultanées sur la même chose est Marcellus, qui vivait dans la seconde moitié du second siècle de notre ère. Voici le texte décisif [1] : *MARCELLUS LIBRO NONO DECIMO DIGESTORUM Duobus diversis temporibus eandem rem pignori dedit : egit posterior cum priore pigneraticia et obtinuit : mox ille agere simili actione instituit : quæsitum est, an exceptio rei iudicatæ obstaret. si opposuerat exceptionem rei sibi ante pigneratæ et nihil aliud novum et validum adiecerit, sine dubio obstabit : eandem enim quæstionem revocat in iudicium.*

Ce fragment est le premier en date qui admette une seconde hypothèque digne de ce nom, c'est-à-dire sanctionnée au besoin par l'action hypothécaire. Aucun texte antérieur n'accorde cette action dans le cas de seconde hypothèque, et ce cas lui-même n'est mentionné pour la première fois, nous le verrons bientôt, que par Pomponius, qui lui aussi a vécu après Ariston.

Examinons maintenant par ordre chronologique, les différents fragments qui pourraient paraître en contradiction avec notre thèse.

C'est tout d'abord D. 20. 4. 13 : *PAULUS LIBRO QUINTO AD PLAUTIUM Insulam tibi vendidi et dixi prioris anni pensionem mihi, sequentium tibi accessuram pignorumque ab inquilino datorum ius utrumque secuturum. Nerva Proculus, nisi ad utramque pensionem pignora sufficerent, ius omnium pignorum primum ad me pertinere, quia nihil aperte dictum esset, an communiter ex omnibus pignoribus summa pro rata servetur : si quid superesset, ad te. Paulus : facti quæstio est, sed veresimile est id actum, ut primam quamque pensionem pignorum causa sequatur.*

Manigk [2] n'hésite pas à voir ici un cas de seconde hypothèque. Il se base pour cela sur les mots *si quid superesset,* dans lesquels il trouve par analogie avec D. 22. 2. 6 (Paul), une

(1) D. 44. 2. 19.
(2) *Op. cit.,* p. 41.

partie de la formule employée pour le second engagement.

Et cependant, il suffit de lire le fragment pour comprendre que les mots en question ne rentrent pas, en l'espèce, dans la formule employée par les parties. Ce que ces dernières ont dit se trouve dans l'exposé des données du problème, de *dixi* jusqu'à *secuturum*. La suite donne la solution proposée par Nerva et Proculus; ce n'est donc pas là qu'il faut chercher les formules dont se sont servies les parties. Bien plus la manière dont les juristes ont tranché la question, indique clairement que le *si quid superesset* n'avait pas été prononcé par les parties; autrement, ils n'auraient pas eu besoin de recourir à l'argument purement négatif, qu'une répartition proportionnelle n'avait pas été expressément stipulée. Il leur aurait probablement semblé plus simple d'invoquer directement la convention des parties.

Y a-t-il peut-être dans le texte en question d'autres traces d'une seconde hypothèque? Pas la moindre. Il n'y est question que d'une convention entre deux créanciers hypothécaires, convention à laquelle le débiteur gagiste n'est pas partie; or, une seconde hypothèque ne peut être constituée, de même que la première, que par le débiteur ou un tiers propriétaire, en tout cas pas par le créancier hypothécaire. C'est précisément pour cette raison que Paul, qui connaissait très bien le concours de plusieurs hypothèques, n'invoque pas dans sa remarque le principe *prior tempore, potior iure*, qui aurait été seul applicable à ce cas, mais bien l'intention des parties (*id actum*) : il comprend qu'une seconde hypothèque ne peut pas émaner du créancier.

Après Nerva et Proculus, nous passons d'un saut à Julien. Deux textes de ce juriste, sur quarante[1] relatifs au droit de gage, parlent du concours de plusieurs créanciers hypothécaires; ce sont D. 10. 3. 7. 6[2] et D. 43. 33. 1. 1[3]. Seulement,

---

(1) Cf. Manigk, p. 66.

(2) Lenel, frag. 122 : *Si duo sint qui rem pignori acceperunt, æquissimum esse utile communi dividundo iudicium dari.*

(3) (*Iulianus libro quadragensimo nono digestorum*) *Si colonus res in fun-*

il s'agit dans les deux cas d'un concours qui ne comporte aucune subordination d'un créancier à l'autre, donc d'un rapport qui n'est pas la seconde hypothèque. Dans le premier texte il est question de créanciers qui ont reçu des hypothèques sur des parts intellectuelles différentes de la même chose, sans quoi l'*actio communi dividundo* serait inconcevable[1]. Dans le second, il s'agit de créanciers auxquels une même chose a été engagée *in solidum*, et en même temps; l'un d'entre eux ne peut donc pas être supérieur ou inférieur aux autres à raison de la date antérieure ou postérieure de son hypothèque, puisqu'elles ont toutes la même date[2].

Après ces fragments de Julien, on en trouve trois de Pomponius qui doivent être examinés à notre point de vue; ce sont D. 13. 7. 2[3]; D. 20. 1. 13. 2[4] et D. 20. 4. 4. De ces trois textes nous pouvons écarter d'emblée les deux premiers comme ne se rapportant pas au cas étudié. La loi 2 du titre 13. 7, parle de la subrogation dans l'hypothèque d'un créancier unique, subrogation qui ne s'est même pas réalisée faute de remplir les conditions voulues. Quant à la seconde loi, elle

---

dum duorum pignoris nomine intulerit, ita ut utrique in solidum obligatæ essent, singuli adversus extraneum Salviano interdicto recte experientur : inter ipsos vero si reddatur hoc interdictum, possidentis condicio melior erit. at si id actum fuerit, ut pro partibus res obligaretur, utilis actio et adversus extraneos et inter ipsos dari debebit, per quam dimidias partes possessionis singuli adprehendent.

(1) Dernburg, *Pfandrecht,* II, p. 393.

(2) Cf. D. 13. 7. 20. 1 (Paul).

(3) *POMPONIUS LIBRO SEXTO AD SABINUM: Si debitor rem pignori datam vendidit et tradidit tuque ei nummos credidisti, quos ille solvit ei creditori cui pignus dederat, tibique cum eo convenit, ut ea res, quam iam vendiderat, pignori tibi esset, nihil te egisse constat, quia rem alienam pignori acceperis : ea enim ratione emptorem pignus liberatum habere cœpisse neque ad rem pertinuisse, quod tua pecunia pignus sit liberatum.*

(4) *(Marcianus libro singulari ad formulam hypothecariam) Cum pignori rem pigneratam accipi posse placuerit, quatenus utraque pecunia debetur pignus secundo creditori tenetur et tam exceptio quam actio utilis ei danda est : quod si dominus solverit pecuniam, pignus quoque peremitur, sed potest dubitari, numquid creditori nummorum solutorum nomine utilis ac-*

a trait à l'engagement par le créancier de la chose qui lui a été engagée (*pignus pignoris*). Le troisième fragment cité pourrait paraître par contre beaucoup plus embarrassant à première vue. Voici en effet ce qu'il dit :

Pomponius libro trigesimo quinto ad Sabinum Si debitor, antequam a priore creditore pignus liberaret, idem illud ob pecuniam creditam alii pignori dedisset et, antequam utrique creditori solveret debitum, rem aliam priori creditori vendiderat creditumque pensaverit cum pretio rei venditæ, dicendum est perinde haberi debere, ac si priori creditori pecunia soluta esset : nec enim interesse, solverit an pensaverit : et ideo posterioris creditoris causa est potior.

Ce texte est le premier en date qui s'occupe réellement d'une seconde hypothèque [1], c'est-à-dire d'une hypothèque constituée par le même débiteur en faveur d'un nouveau créancier sur une chose déjà hypothéquée à un premier créancier. Mais c'est tout ; on ne peut rien en tirer de plus au point de vue que nous étudions dans ce moment. Le juriste ne nous dit pas quelle est la valeur de cette seconde hypothèque comme telle. Accordait-elle un droit actuel au créancier, lui donnait-elle une action? Nous n'en savons rien, parce que Pomponius se borne à dire que le second créancier l'emporte au moment où il n'est plus second créancier, puisque le premier créancier a déjà été désintéressé. Si nous avions affaire à un juriste qui eût vécu à une époque à laquelle le concours de plusieurs hypothèques est indubitablement admis, la question ne se poserait même pas, et il n'y aurait aucun danger à

---

tio danda sit an non : quid enim, si res soluta fuerit? et verum est, quod Pomponius libro septimo ad edictum scribit, si quidem pecuniam debet is, cuius nomen pignori datum est, exacta ea creditorem secum pensaturum : si vero corpus is debuerit et solverit, pignoris loco futurum apud secundum creditorem.

(1) Nous pouvons nous passer d'examiner la question de savoir si, dans son livre 35 *ad Sabinum*, Pomponius parlait principalement de la fiducie, puisque, même les auteurs qui l'admettent, n'accusent pas le fragment cité d'être interpolé. Cf. Lenel, **Palingenesia**, fr. 800 de Pomponius.

admettre que le fragment cité suppose la valeur actuelle de la seconde hypothèque, bien qu'il n'en dise rien [1]. Seulement, nous sommes avec Pomponius à une époque à laquelle il n'existe aucune preuve de la reconnaissance du rapport en question, et à laquelle il ne serait pas de bonne méthode de conclure du simple silence d'un auteur à propos d'un cas donné, que ce cas reposait sur un fondement juridique incontesté, alors que c'est précisément cette base qui est mise en doute. Sinon, nous serions en droit de déduire, par exemple, du fait que Servius parle d'une vente de gage par le créancier, sans dire qu'une convention dans ce sens était nécessaire, que le créancier avait déjà à son époque le droit de vendre sans autres les choses à lui engagées! Il est d'ailleurs bien naturel que les juristes romains se soient occupés parfois de cas présentés par la pratique, mais non encore sanctionnés par le droit, de même qu'il est logiquement admissible que les cas qui ont provoqué l'introduction de règles nouvelles aient précédé ce progrès du droit. Or nous allons voir, à propos des juristes suivants, que c'est précisément à l'un de ces cas que nous avons affaire chez Pomponius.

Ces juristes sont Africain et Gaius. Notre intention n'est pas de répéter les arguments qu'on a déjà tirés de certains passages de ces auteurs [2] en faveur de la nature conditionnelle de la seconde hypothèque, telle qu'elle existait à leur époque. Ce n'est pas que nous méconnaissions la valeur de ces arguments, loin de là : seulement, il nous a semblé peu intéressant de reproduire le travail d'autrui. Nous voudrions essayer

---

(1) Et aussi, bien que Pomponius s'exprime d'une façon qui tend à faire croire que le cas examiné avait pour lui quelque chose d'extraordinaire. Sinon, pourquoi aurait-il pris la peine, sans cela tout à fait inutile, de relever expressément le fait que le premier gage existait encore? (*antequam a priore creditore pignus liberaret*). Une telle précaution ne se retrouve chez aucun autre juriste, et nous n'avons pu en découvrir un seul autre exemple analogue chez Pomponius lui-même.

(2) D. 20. 4. 9. 3 (Africain) et D. 20. 1. 15. 2 (Gaius). Cf. Dernburg, *Pfandrecht*, I, pp. 263 et suiv., II, pp. 480 et suiv.

par contre d'apporter quelque indication nouvelle sur cette question des plus controversées [1], et par indication nouvelle nous entendons tout simplement l'interprétation à un nouveau point de vue, — celui qui nous occupe ici —, de textes qui n'ont pas encore été examinés sous cet angle. Voici l'un des fragments [2] en question:

AFRICANUS LIBRO OCTAVO QUAESTIONUM Qui balneum ex calendis proximis conduxerat, pactus erat, ut homo Eros pignori locatori esset, donec mercedes solverentur : idem ante calendas Julias eundem Erotem alii ob pecuniam creditam pignori dedit. consultus, an adversus hunc creditorem petentem Erotem locatorem praetor tueri deberet, respondit debere : licet enim eo tempore homo pignori datus esset, quo nondum quicquam pro conductione deberetur, quoniam iam tunc in ea causa Eros esse coepisset, ut invito locatore ius pignoris in eo solvi non posset, potiorem eius causa habendam.

C'est la fin de ce passage, ce sont les motifs de la décision qui nous paraissent importants pour notre question. La raison invoquée par le juriste nous montre en effet, qu'il ignorait complètement le rapport juridique résultant du concours de plusieurs hypothèques sur la même chose. Autrement, il n'aurait pas écrit *quoniam..... in ea causa Eros esse coepisset, ut invito locatore ius pignoris in eo solvi non posset.* Cette idée ne lui serait même pas venue à l'esprit, s'il avait su déjà que la perte (*ius pignoris solvi*) du droit de gage n'est pas la suite nécessaire de la perte d'un procès entre deux créanciers hypothécaires, s'il avait su qu'on peut succomber dans un tel procès parce qu'on n'est pas préférable à l'autre partie, sans être pour cela privé de son droit inférieur. Si donc, il indique comme conséquence de la perte du procès, la disparition du droit, ce qui est erroné, c'est qu'il ignore la vraie issue :

---

(1) Nous regrettons que Manigk n'ait pas encore publié la suite de ses Pfandrechtliche Untersuchungen, dans laquelle il promettait de prouver que la seconde hypothèque n'a jamais été conditionnelle. Cf. Manigk, p. 116.

(2) D. 20. 4. 9 pr.

perte du procès et maintien du droit inférieur. C'est d'autant plus frappant ici que la question qu'Africain aurait dû examiner, si vraiment il avait connu la seconde hypothèque, c'est précisément celle du rang des deux hypothèques en présence. Une fois cette question tranchée, la solution du problème posé en aurait découlé tout naturellement. Or, le juriste n'a pas même l'air de se douter que telle était la question à étudier, et s'il ne s'en doute pas, c'est que la question ne se posait pas encore à son époque, c'est donc que le concours de plusieurs hypothèques n'était pas encore admis.

En somme, le motif invoqué par Africain est faux, erroné, absurde et par conséquent inadmissible si l'on veut que ce juriste ait déjà connu la seconde hypothèque; si donc, on cherche à lui donner un sens raisonnable quelconque, on ne peut y arriver qu'en admettant que ce rapport de droit lui était encore inconnu, ou qu'il ne le connaissait encore qu'à l'état embryonnaire d'hypothèque conditionnelle.

Voici l'autre fragment [1] :

(*Gaius libro singulari de formula hypothecaria*) *Si paratus est posterior creditor priori creditori solvere quod ei debetur, videndum est, an competat ei hypothecaria actio nolente priore creditore pecuniam accipere. et dicimus priori creditori inutilem esse actionem, cum per eum fiat, ne ei pecunia solvatur.*

Ce texte s'occupe aussi, de même que ceux de Pomponius et d'Africain, d'un cas de seconde hypothèque. Mais, pas plus que ces deux derniers passages, il n'implique que ce rapport eût été déjà admis par le juriste comme un droit actuel, sanctionné par une action indépendante. C'est bien plutôt le contraire qu'il prouve. En effet, la question examinée par Gaius, de savoir si l'action hypothécaire appartient au second créancier alors qu'il offre au premier le montant de sa créance et que celui-ci refuse, cette question ne se poserait

____

(1) D. 20. 4. 11. 4.

même pas si le second créancier avait l'action dès le début. Si donc le juriste croit devoir la soulever, c'est que lui aussi n'admet la seconde hypothèque que comme un droit conditionnel. Mais cela prouve aussi que Gaius ignorait encore complètement le *ius offerendi et succedendi* du créancier inférieur; autrement, il n'aurait pas soulevé la question dont il s'occupe : la seule question qui l'aurait intéressé dans ce cas, c'est celle de savoir comment le créancier inférieur peut exercer son droit en présence d'un refus du premier créancier, et il serait sans doute arrivé au résultat indiqué dans une constitution [1] de l'année 197, c'est-à-dire à la faculté de consigner la somme offerte. Au lieu de cela, que fait-il? Il n'hésite pas à dépouiller sans autres le premier créancier de son action hypothécaire, et partant de son hypothèque [2]. N'en résulte-t-il donc pas à l'évidence que Gaius non seulement ignore le *ius offerendi*, mais qu'il n'admet pas non plus l'action hypothécaire en faveur de deux créanciers simultanément, qu'il ne connaît pas encore le concours de plusieurs hypothèques sur la même chose? Comment expliquer autrement qu'au lieu de répondre directement à la question examinée, il se borne à dire que le premier créancier n'aura plus d'action efficace? Cela prouve indubitablement que dans l'idée du juriste l'action ne peut appartenir à un créancier qu'à la condition de ne pas compéter à un autre, qu'il considère par conséquent la seconde hypothèque comme un droit conditionnel.

Tels sont les textes qui excluent le concours de plusieurs hypothèques chez Africain et Gaius, et qui viennent confirmer les déductions que l'on a déjà tirées d'autres fragments de ces mêmes juristes [3].

En présence de ces confirmations, nous pourrions peut-être nous passer d'examiner les autres fragments d'Africain et de

(1) C. 8. 17. 1.

(2) D. 9. 4. 27 pr. (Gaius) : *nullum enim pignus est, cuius persecutio negatur.*

(3) Cf. plus haut, p. 311, note 2.

Gaius dans lesquels on trouve quelque allusion à une seconde hypothèque et nous contenter de présumer que ces textes ne peuvent parler que d'une hypothèque conditionnelle. Cependant, pour être complet, nous devons dire encore quelques mots [1] du passage suivant [2] d'Africain.

(Africanus libro quarto quaestionum) Si mulier dixisset sibi rem dotis nomine obligatam et creditor curasset ei pecuniam dotis solvi, qui idem pignus acciperet, mulieri etiam pecunia credita deberetur : si possessor creditor adversus eam Serviana agentem exciperet « si non volontate eius pignus datum esset », replicationem mulieri senatus consulti non profuturam, nisi creditor scisset etiam aliam pecuniam ei deberi.

Si nous n'avions que ce fragment sur la question qui nous occupe, nous devrions tout de même en arriver à la conclusion négative qu'il ne prouve pas l'existence d'une seconde hypothèque chez Africain. Le juriste se borne à dire lequel des deux créanciers l'emporte en cas de conflit entre eux. Il ne dit pas si l'autre a ou conserve un droit quelconque. Donc ce texte ne prouve rien.

Nous sommes maintenant en mesure de conclure qu'avant Marcellus la seconde hypothèque paraît avoir été inconnue à Rome, de même que, *a fortiori*, le *jus offerendi et succedendi* du créancier inférieur en rang [3].

Nous employons le mot paraît à dessein, parce qu'il nous reste à voir si, par une anomalie bizarre, Ariston parlait vraiment dans le fragment qui a été notre point de départ, de la seconde hypothèque et du *ius offerendi*, au moins dans sa dernière partie. Nous avons déjà dit au début les raisons qu'il

______

(1) Nous pouvons nous dispenser d'examiner à notre point de vue les autres passages de Gaius où l'on pourrait être tenté de trouver une seconde hypothèque. De tels passages, abstraction faite de D. 20. 1. 15. 2, déjà cité, ne se trouvent que dans les premiers paragraphes de D. 20. 4. 11, et il est impossible d'admettre que le même juriste ait dans le même fragment reconnu d'une part ce qu'il repousse d'autre part.

(2) D. 16. 1. 17. 1.

(3) La première mention du *ius offerendi* se trouve chez Papinien.

y a d'admettre que tout le fragment ne s'occupe que d'un seul cas. Il se pourrait cependant qu'il n'en fût rien et que deux cas différents fussent réellement pris en vue. Nous devons donc examiner si, abstraction faite des raisons déjà indiquées, notre texte se rapporte peut-être effectivement dans sa dernière partie à une seconde hypothèque. Les seuls arguments de forme que l'on pourrait invoquer en faveur de cette idée s'appuieraient sur les expressions *antiquior, prior* et *posterior creditor*. Seulement, ces termes n'indiquent pas nécessairement une supériorité ou une infériorité de rang. Ils peuvent très bien signifier, d'une part l'ancien créancier, le créancier antérieur et d'autre part le nouveau créancier, le créancier postérieur et montrer tout simplement qu'il y a eu deux créanciers qui ont succédé l'un à l'autre, qui ont pris la place l'un de l'autre, sans impliquer aucune idée de subordination de l'un à l'autre [1]. Il nous semble que même en français on emploierait dans un tel cas les mots premier et second créancier, ou bien ancien et nouveau, ou encore antérieur et postérieur, à moins de vouloir recourir à une périphrase inutile. Ces termes ne prouvent donc rien, parce que, en latin aussi bien qu'en français, ils peuvent indiquer une simple succession dans le temps sans aucune allusion quelconque à une hiérarchie de rang.

Quant à des arguments de fond, il est bien difficile d'en tirer, en ce qui concerne Ariston d'un passage dans lequel il se borne à poser une question, sans donner lui-même la réponse [2]. Il se peut très bien que notre juriste ait répondu négativement à la question que Paul tranche dans un sens positif. Quant au fait même qu'Ariston a soulevé cette question, tout ce qu'on peut en déduire au point de vue de la subrogation, c'est qu'on avait des doutes à son époque sur la

---

[1] Cf. pour *antiquior creditor*, D. 20. 4. 7, pr., pour *prior* et *posterior*, D. 42. 8. 16 (Paul); D. 46. 2. 30 (Paul); D. 49. 15. 12. 12 (Tryph.).

[2] Nous ne pouvons pas admettre avec Manigk, p. 48, note 1, qu'Ariston soit le sujet de *dici possit* et qu'il ait en conséquence donné la même solution que Paul. Le sujet de *dici possit*, c'est la proposition qui suit.

portée et l'étendue de la subrogation hypothécaire simple,
c'est-à-dire celle qui a lieu dans les droits d'un créancier
unique. Donc notre fragment ne prouve nullement l'existence
de la seconde hypothèque, et nous pouvons maintenant ren-
forcer nos conclusions de tout à l'heure et dire que le concours de plusieurs hypothèques non seulement paraît avoir
été inconnu à Rome avant Marcellus, mais, bien plus qu'il
l'était effectivement. A un autre point de vue, la seconde question examinée dans notre fragment, celle de savoir si le nouveau créancier a en vertu de la subrogation le droit de vente
malgré l'omission du *pactum de vendendo*, cette question di-
sons-nous, ne pouvait se poser qu'à une époque où le *ius dis-
trahendi* n'était pas encore un élément naturel du droit de
gage, où il devait être établi par un pacte spécial. C'est une
preuve de plus, à ajouter à celles indiquées plus haut, que
ce second point avait été soulevé par Ariston déjà et non pas
par Paul seulement, car du temps d'Ariston le *pactum de vendendo* était encore nécessaire, tandis qu'il ne l'était plus de-
puis Papinien. D'autre part, la simple absence de ce pacte,
qu'elle fût voulue ou non, devait avoir pour suite que le
créancier ne pouvait pas vendre. Comment alors expliquer les
mots *non per oblivionem, sed cum hoc ageretur, ne posset vendere,* qui établissent une distinction entre une omission inten-
tionnelle et un oubli ? — Nous ne voyons d'autre solution que
d'attribuer cette phrase à Paul. A l'époque de ce juriste, le
droit de vente était un élément naturel du gage, un élément
qui pouvait être écarté par la volonté contraire des parties. A
l'époque des compilateurs par contre, c'était devenu un élément essentiel, qui ne peut être enlevé par aucune clause des
intéressés. Les mots en question ne peuvent donc pas être
leur œuvre.

Encore quelques mots sur l'attribution de certaines parties de notre fragment à Ariston ou à Paul. Nous avons déjà
vu que la dernière phrase, celle qui commence par les mots
quod admittendum existimo, doit aussi avoir été écrite par
Paul. Il y a encore une autre phrase dans la première partie

du texte qui ne peut émaner que de Paul. C'est la suivante : *quo enim casu emptoris causa melior efficietur*. Ces mots ne peuvent pas avoir été écrits par Ariston, car ils n'ont de sens qu'avec le concours de plusieurs hypothèques [1]. Or, nous venons de le voir, ce rapport de droit était inconnu à l'époque d'Ariston. Il y a d'ailleurs deux termes employés ici et qui trahissent la paternité de Paul. C'est d'abord l'expression *quo casu*, qui se retrouve cinq fois [2] chez Paul et pas une seule chez Ariston. C'est ensuite le mot *causa*, pris dans le sens de condition ou situation juridique. Paul l'emploie 57 fois [3], tandis qu'on ne le trouve qu'une seule chez Ariston [4]. Peut-on aller plus loin et soutenir avec Manigk [5] que la phrase *neque enim in ius primi succedere debet, qui ipse nihil convenit de pignore* est de Paul? La chose est possible, mais elle est loin d'être prouvée. Il n'existe d'ailleurs aucun élément sérieux de preuve. On en est donc réduit aux impressions subjectives, ce qui est la pire méthode de travail. Aussi nous abstenons-nous volontiers de nous prononcer sur ce dernier point. Nous nous bornerons à remarquer que, jusqu'à preuve contraire, on est en droit de présumer que la phrase en question est plutôt d'Ariston que de Paul.

N. HERZEN,

*Professeur de droit romain à la Faculté de droit
de l'Université de Lausanne.*

(1) Aussi le premier juriste qui mentionne ce cas de subrogation est Papinien.

(2) D. 4. 8. 12; 6. 1. 4 ; 33. 8. 9. 1; 44. 7. 49 ; 45. 1. 132, pr. En outre le mot *casus* se trouve dans le sens qu'il a ici un nombre considérable de fois chez Paul. Cf. *Vocabularium*, s. h. v., et une seule chez Ariston, D. 39. 5. 18 pr. (Ulp.).

(3) Cf. *Vocabularium*, s. h. v.

(4) D. 40. 7. 5 pr. (Pomp.).

(5) *Op. cit.*, p. 50.

IMPRIMERIE
CONTANT-LAGUERRE

BAR-LE-DUC